Impressum
Verlag: BABADADA GmbH, Nedderfeld 112 , 22529 Hamburg
Geschäftsführer / Verlagsleitung: Harald Hof
Druck: Books on Demand GmbH, In de Tarpen 42, 22848 Norderstedt

Imprint
Publisher: BABADADA GmbH, Nedderfeld 112 , 22529 Hamburg, Germany
Managing Director / Publishing direction: Harald Hof
Print: Books on Demand GmbH, In de Tarpen 42, 22848 Norderstedt, Germany

1

escuela
škola

dividir
dělit

186/2

mesa
tabule

aula
třída

patio de escuela
školní hřiště

docente
učitel

papel
papír

escribir
psát

bolígrafo
pero

escritorio
psací stůl

regla
pravítko

libro
kniha

alumno
žák

mochila escolar

aktovka

caja de lápices

penál

lápiz

tužka

sacapuntas

ořezávátko

goma de borrar

guma

bloc de dibujo

blok na kreslení

dibujo
....
výkres

pincel
....
štětec

caja de pinturas
....
malířské potřeby

tijera
....
nůžky

pegamento
....
lepidlo

libro de ejercicios
....
cvičebnice

tarea
....
domácí úkol

número
....
počet

2+2

sumar
....
sčítat

5-2

restar
....
odčítat

multiplicar
....
násobit

calcular
....
počítat

letra
....
písmeno

alfabeto
....
abeceda

palabra
....
slovo

texto

text

leer

číst

tiza

křída

lección

hodina

libro de clase

třídní kniha

examen

zkouška

certificado

vysvědčení

uniforme escolar

školní uniforma

educación

vzdělání

enciclopedia

encyklopedie

universidad

univerzita

microscopio

mikroskop

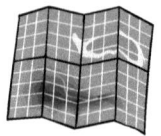

mapa

karta

cesto de papeles

odpadkový koš na papír

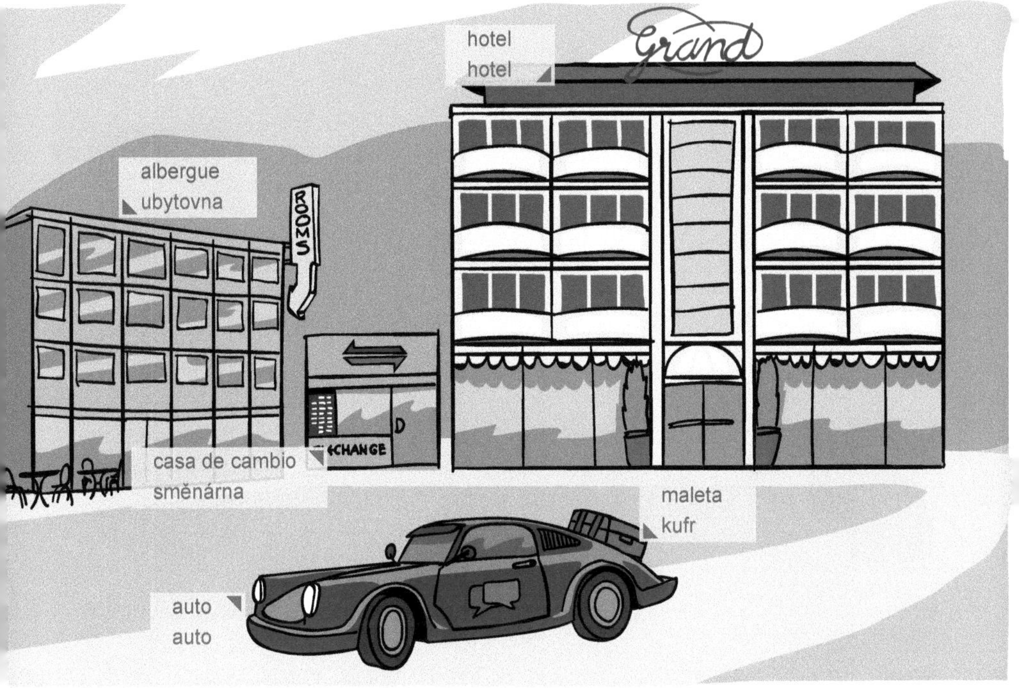

hotel
hotel
Grand
albergue
ubytovna
ROOMS
casa de cambio
směnárna
maleta
kufr
auto
auto

idioma

jazyk

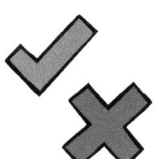

sí / no

ano / ne

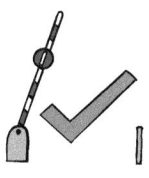

ok

oukej

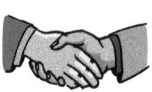

hola

Ahoj!

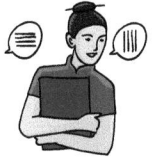

intérprete

překladatel

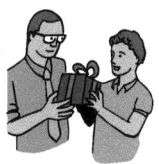

gracias

děkuji

¿Cuánto cuesta...?

Kolik stojí...?

No entiendo

nerozumím

problema

problém

¡Buenas tardes!

Dobrý večer!

¡Buenos días!

Dobré ráno!

¡Buenas noches!

Dobrou noc!

adiós

na shledanou

dirección

směr

equipaje

zavazadlo

bolso

taška

mochila

batoh

invitado

host

cuarto

pokoj

saco de dormir

spací pytel

tienda de campaña

stan

información al turista

turistické informace

playa

pláž

tarjeta de crédito

kreditní karta

desayuno

snídaně

almuerzo

oběd

cena

večeře

pasaje

jízdenka

ascensor

výtah

sello

poštovní známka

límite

hranice

aduana

clo

embajada

poselství

visa

vízum

pasaporte

pas

transporte
transport

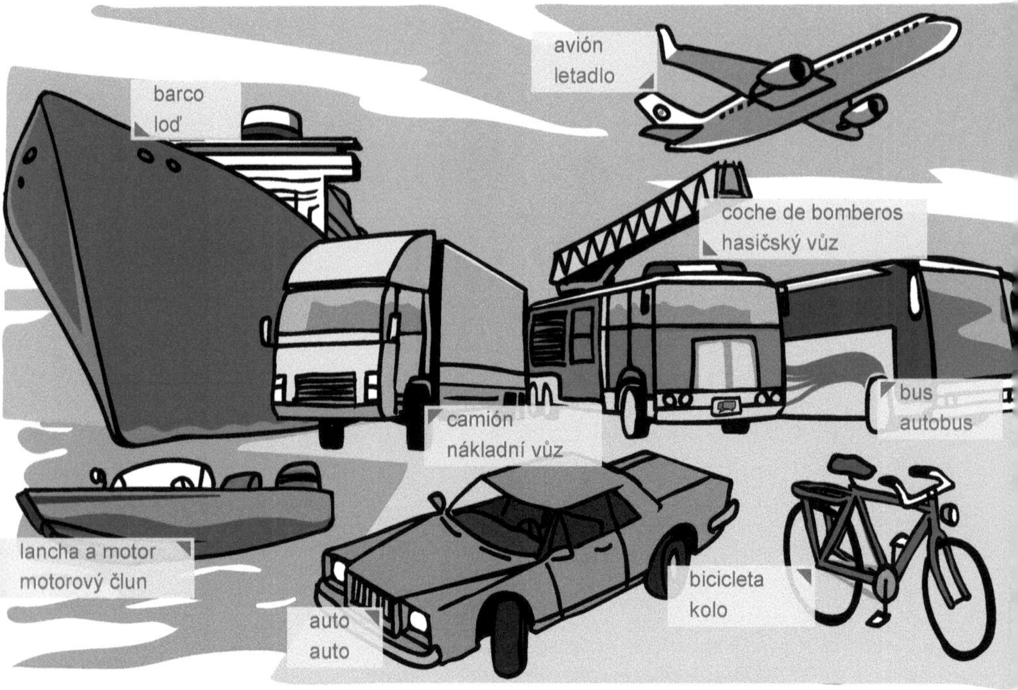

avión
letadlo
barco
loď
coche de bomberos
hasičský vůz
bus
autobus
camión
nákladní vůz
lancha a motor
motorový člun
bicicleta
kolo
auto
auto

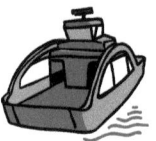

balsa

přívoz

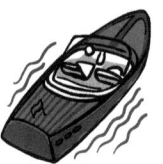

lancha

člun

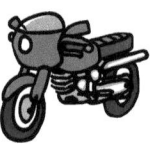

motocicleta

motorka

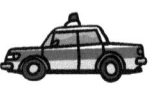

auto de policía

policejní auto

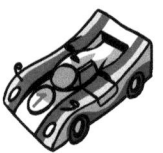

auto de carreras

závodní auto

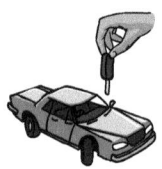

auto de alquiler

pronajaté auto

alquiler de autos

sdílení aut

grúa

odtahová služba

vehículo recolector de basura

popelářský vůz

motor

motor

gasolina

palivo

gasolinera

čerpací stanice

señal de tráfico

dopravní značka

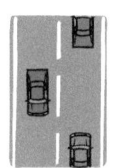

tránsito

doprava

atasco

dopravní zácpa

estacionamiento

parkoviště

estación de tren

vlakové nádraží

carril

koleje

tren

vlak

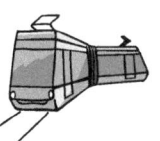

tranvía

tramvaj

vagón

vagón

helicóptero

helikoptéra

aeropuerto

letiště

torre

věž

pasajero

pasažér

contenedor

kontejner

caja de cartón

kartón

carro

trakař

cesta

koš

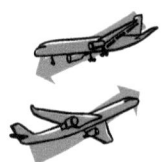

despegar / aterrizar

vzlétnout / přistát

ciudad

město

aldea

vesnice

centro de la ciudad

střed města

casa

dům

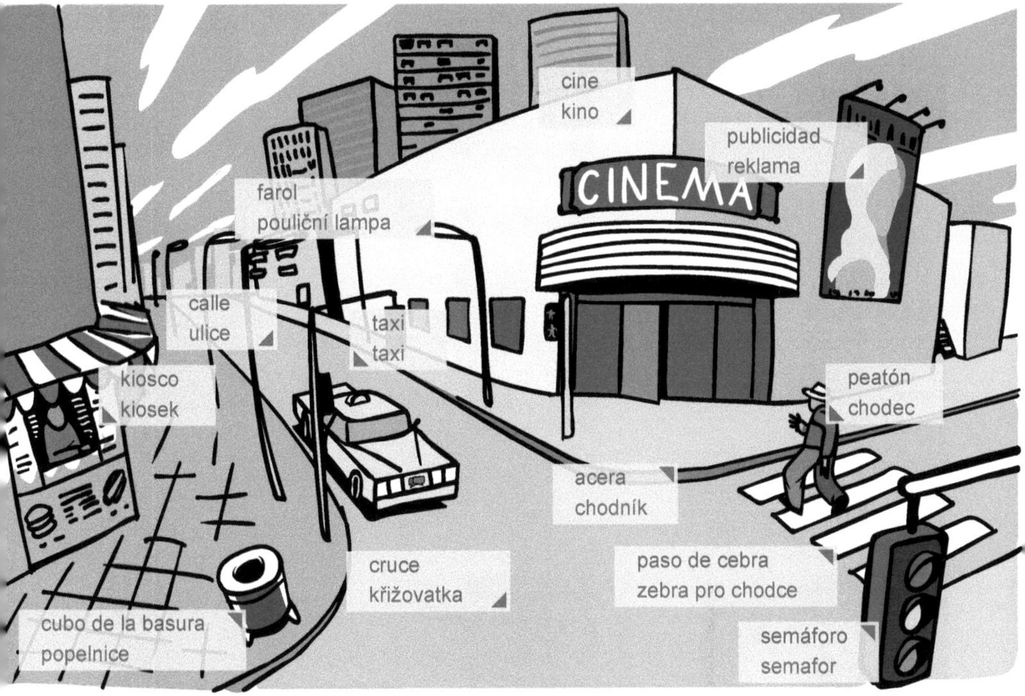

cine
kino

publicidad
reklama

farol
pouliční lampa

calle
ulice

taxi
taxi

kiosco
kiosek

peatón
chodec

acera
chodník

cruce
křižovatka

paso de cebra
zebra pro chodce

cubo de la basura
popelnice

semáforo
semafor

cabaña
chata

apartamento
byt

estación de tren
vlakové nádraží

ayuntamiento
radnice

museo
muzeum

escuela
škola

ciudad - město

universidad

univerzita

banco

banka

hospital

nemocnice

hotel

hotel

farmacia

lékárna

oficina

kancelář

librería

knihkupectví

negocio

obchod

florería

květinářství

supermercado

supermarket

mercado

tržnice

grandes almacenes

obchodní dům

pescadería

rybárna

centro comercial

nákupní centrum

puerto

přístav

parque

park

banco

lavička

puente

most

escalera

schody

metro

metro

túnel

tunel

parada de autobuses

autobusová zastávka

bar

bar

restaurante

restaurace

buzón de correo

poštovní schránka

letrero

pouliční tabule

parquímetro

parkovací hodiny

zoológico

zoo

piscina

plovárna

mezquita

mešita

granja
usedlost

polución
znečišťování životního prostředí

cementerio
hřbitov

iglesia
církev

parque infantil
hřiště

templo
chrám

paisaje
krajina

hoja
list

indicador de camino
rozcestník

sendero
cesta

pradera
louka

piedra
kámen

caminante
turista

árbol
strom

río
řeka

pasto
tráva

flor
květina

valle
údolí

montaña
hora

lago
jezero

bosque
les

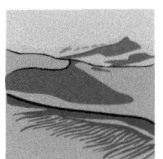

desierto
poušť

volcán
sopka

castillo
zámek

arco iris
duha

seta
houba

palmera
palma

mosquito
komár

mosca
moucha

hormiga
mravenec

abeja
včela

araña
pavouk

escarabajo

brouk

rana

žába

ardilla

veverka

erizo

ježek

liebre

zajíc

lechuza

sova

pájaro

pták

cisne

labuť

jabalí

divoké prase

ciervo

jelen

alce

los

embalse

přehrada

aerogenerador

větrné kolo

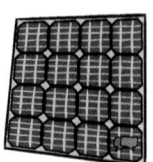

módulo solar

solární panel

clima

podnebí

restaurante
restaurace

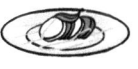

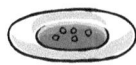

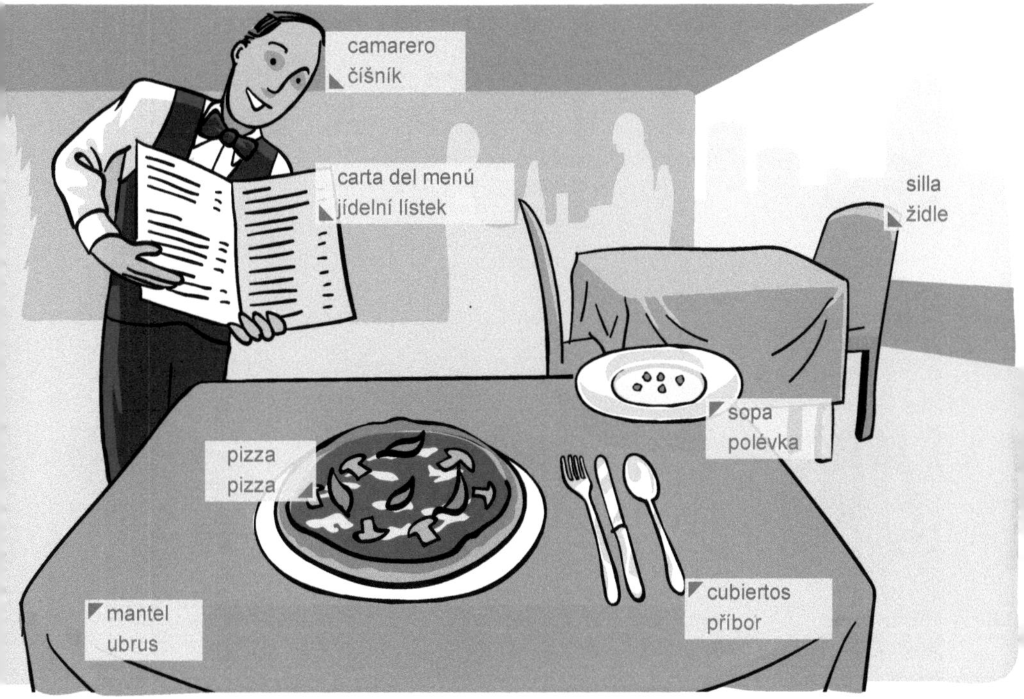
camarero
číšník
carta del menú
jídelní lístek
silla
židle
sopa
polévka
pizza
pizza
cubiertos
příbor
mantel
ubrus

entrada
předkrm

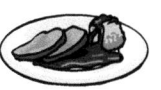

plato principal
hlavní chod

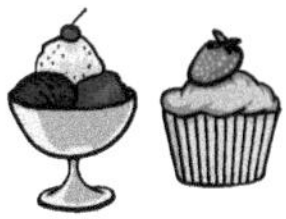

postre
dezert

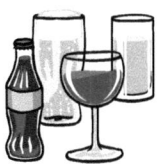

bebida
nápoje

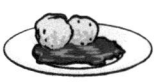

comida
jídlo

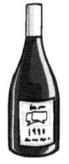

botella
láhev

comida rápida

rychlé občerstvení

comida callejera

pouliční občerstvení

tetera

čajová konvice

azucarera

cukřenka

porción

porce

máquina de espresso

kávovar na espresso

silla alta

dětská stolička

factura

faktura

bandeja

tác

cuchillo

nůž

tenedor

vidlička

cuchara

lžíce

cuchara de té

čajová lyžička

servilleta

ubrousek

vaso

sklenička

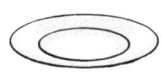

plato
....
talíř

plato de sopa
....
talíř na polévku

platillo
....
podšálek

salsa
....
omáčka

salero
....
slánka

molinillo para pimienta
....
mlýnek na pepř

vinagre
....
ocet

aceite
....
olej

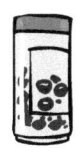

especias
....
koření

ketchup
....
kečup

mostaza
....
hořčice

mayonesa
....
majonéza

supermercado
supermarket

oferta
nabídka
FOR
cliente
zákazník
productos lácteos
mléčné výrobky
fruta
ovoce
carrito de compras
nákupní vozík

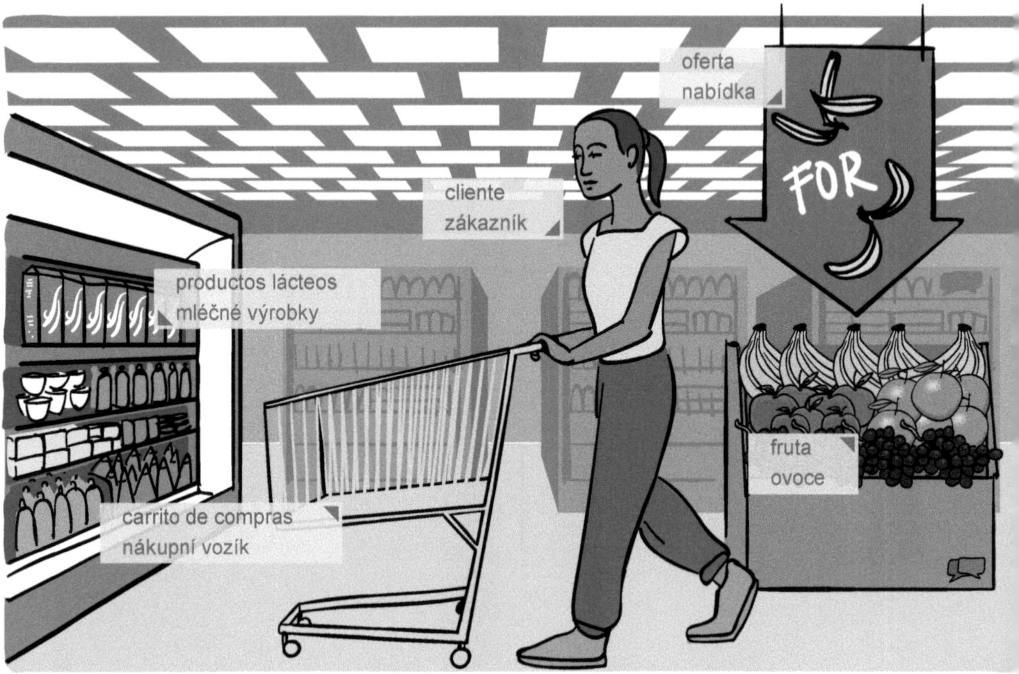

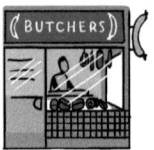

BUTCHERS

carnicería

masna

BAKERY

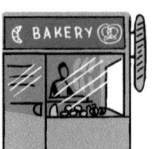

panadería

pekařství

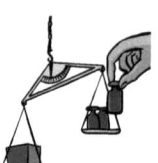

pesar

vážit

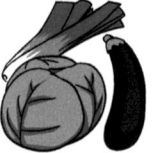

verdura

zelenina

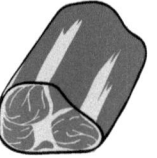

carne

maso

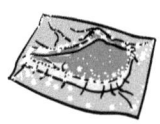

alimentos congelados

mražené potraviny

fiambre
obložený talíř

conservas
konzervy

detergente en polvo
prací prášek

dulces
cukrovinky

artículos domésticos
výrobky pro domácnost

productos de limpieza
čisticí prostředek

vendedora
prodavačka

caja
pokladna

cajero
pokladní

lista de compras
nákupní seznam

horario de atención
otevírací doba

cartera
peněženka

tarjeta de crédito
kreditní karta

maleta
taška

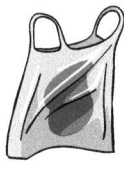

bolsa plástica
igelitová taška

agua

voda

jugo

džus

leche

mléko

refresco de cola

kola

vino

víno

cerveza

pivo

alcohol

alkohol

cacao

kakao

té

čaj

café

káva

espresso

espresso

cappuccino

kapučíno

banana
banán

manzana
jablko

naranja
pomeranč

sandía
meloun

limón
citrón

zanahoria
mrkev

ajo
česnek

bambú
bambus

cebolla
cibule

seta
houba

nueces
ořechy

fideos
těstoviny

espagueti

špageti

arroz

rýže

ensalada

salát

patatas fritas

hranolky

patatas salteadas

americké brambory

pizza

pizza

hamburguesa

hamburger

sándwich

sendvič

escalope

řízek

jamón

šunka

salame

salám

embutido

salám

pollo

kuře

asado

pečeně

pescado

ryby

copos de avena

ovesné vločky

musli

müsli

copos de maíz tostado

vločky

harina

mouka

croissant

croissant

panecillo

houska

pan

chléb

tostada

toast

galletas

sušenky

mantequilla

máslo

cuajada

tvaroh

pastel

buchta

huevo

vejce

huevo frito

volské oko

queso

sýr

helado
zmrzlina

azúcar
cukr

miel
med

mermelada
marmeláda

praliné
nugátový krém

curry
kari

granja
usedlost

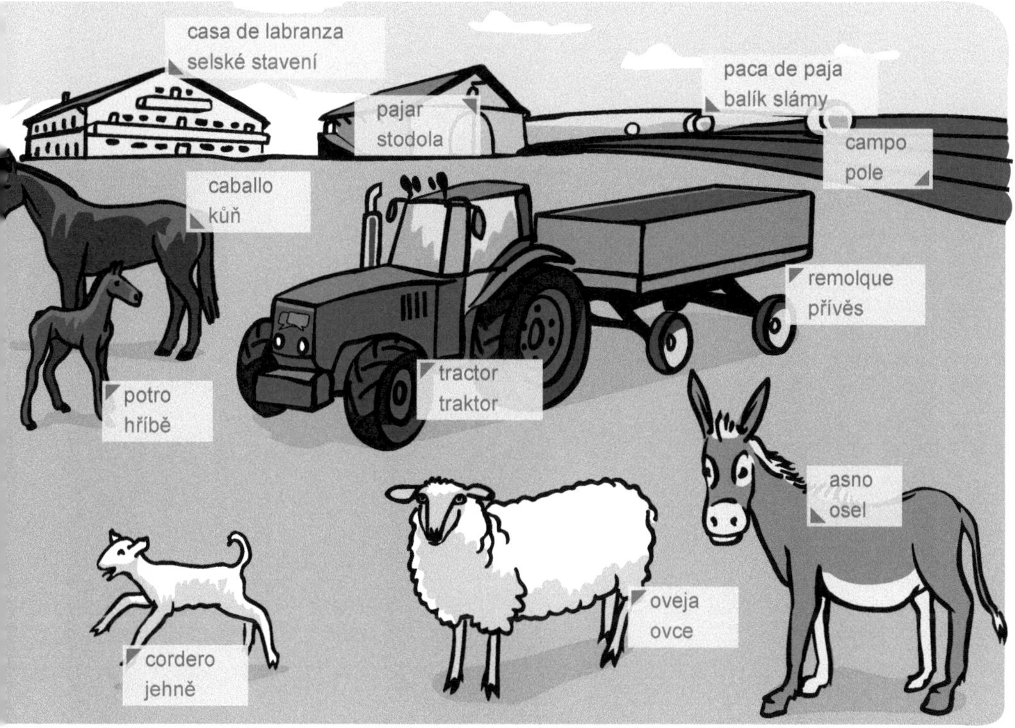
casa de labranza
selské stavení
pajar
stodola
paca de paja
balík slámy
campo
pole
caballo
kůň
remolque
přívěs
tractor
traktor
potro
hříbě
asno
osel
oveja
ovce
cordero
jehně

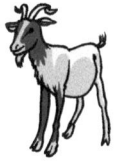

cabra

koza

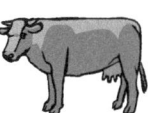

vaca

kráva

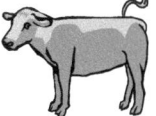

ternero

tele

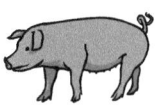

cerdo

prase

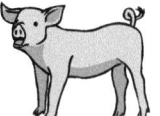

lechón

sele

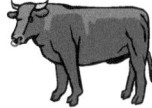

toro

býk

ganso

husa

pato

kachna

polluelo

kuře

pollo

slepice

gallo

kohout

rata

krysa

gato

kočka

ratón

myš

buey

vůl

perro

pes

caseta del perro

psí bouda

manguera de riego

zahradní hadice

regadera

kropicí konev

guadaña

kosa

arado

pluh

hoz

srp

azada

motyka

bieldo

vidle

hacha

sekera

carretilla

kolecko

abrevadero

koryto

lechera

konev na mléko

saco

pytel

cerca

plot

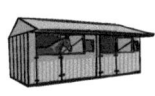

establo

stáj

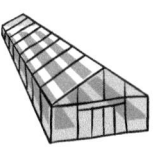

invernadero

skleník

suelo

půda

semilla

osivo

fertilizante

hnojivo

cosechadora

kombajn

cosechar

sklidit

cosecha

sklizeň

raíz de ñame

smldinec

trigo

pšenice

soja

sója

patata

brambora

maíz

kukuřice

colza

řepka

Árbol frutal

ovocný strom

mandioca

maniok

cereales

obilí

casa
dům

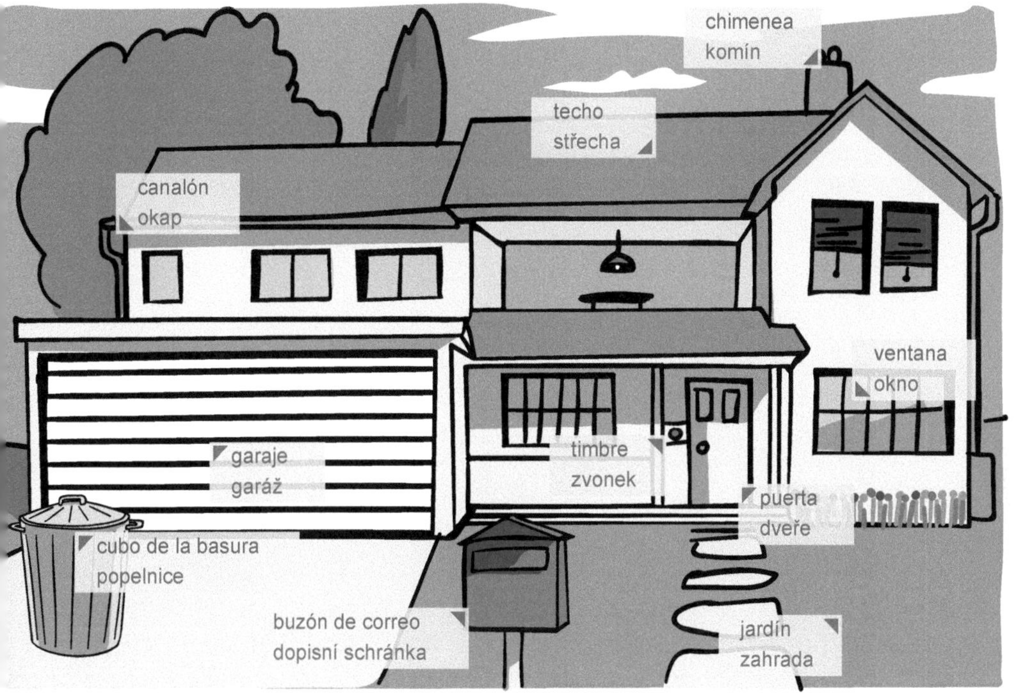
chimenea
komín
techo
střecha
canalón
okap
ventana
okno
garaje
garáž
timbre
zvonek
puerta
dveře
cubo de la basura
popelnice
buzón de correo
dopisní schránka
jardín
zahrada

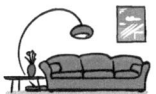

cuarto de estar

obývací pokoj

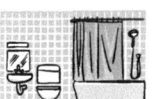

cuarto de baño

koupelna

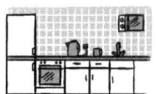

cocina

kuchyně

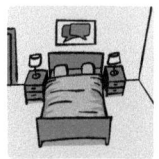

dormitorio

ložnice

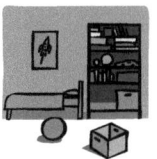

cuarto de los niños

dětský pokoj

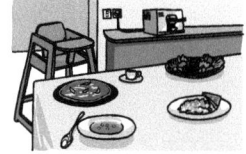

comedor

jídelna

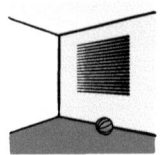

piso
podlaha

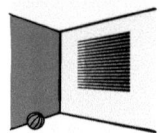

pared
zeď

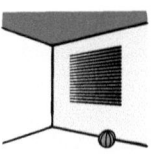

cielorraso
deka

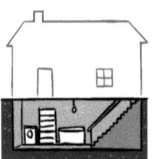

sótano
sklep

sauna
sauna

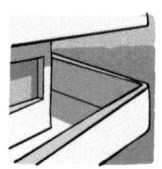

balcón
balkón

terraza
terasa

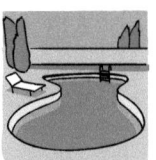

piscina
bazén

cortacésped
sekačka na trávu

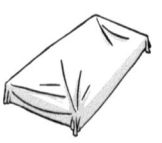

funda nórdica
ložní prádlo

edredón
lůžková přikrývka

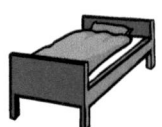

cama
postel

escoba
smeták

cubo
kýbl

interruptor
vypínač

cuarto de estar
obývací pokoj

papel para empapelar
tapeta
imagen
obrázek
lámpara
žárovka
estante
police
gabinete
skříň
televisor
televizor
hogar
komín
flor
květina
cojín
polštář
sofá
gauč
florero
váza
control remoto
dálkový ovladač

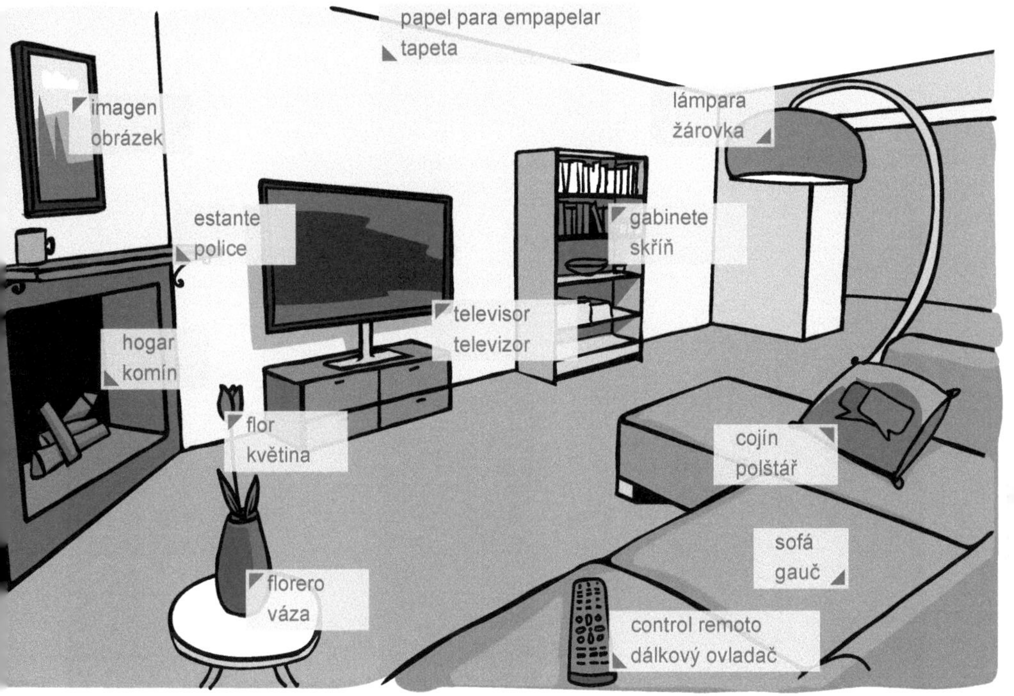

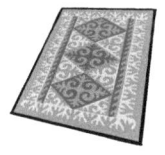

alfombra

koberec

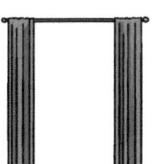

cortina

závěs

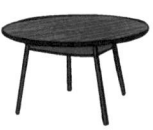

mesa

stůl

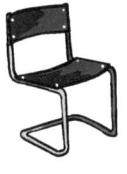

silla

židle

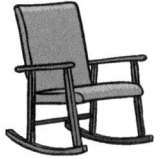

mecedora

houpací křeslo

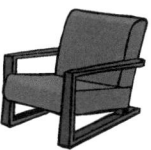

sillón

křeslo

libro

kniha

frazada

strop

decoración

ozdoba

leña

palivové dříví

film

film

equipo estereofónico

stereo souprava

llave

klíč

periódico

noviny

cuadro

malba

póster

plakát

radio

rádio

bloc de notas

poznámkový blok

aspiradora

vysavač

cactus

kaktus

vela

svíce

cocina

kuchyně

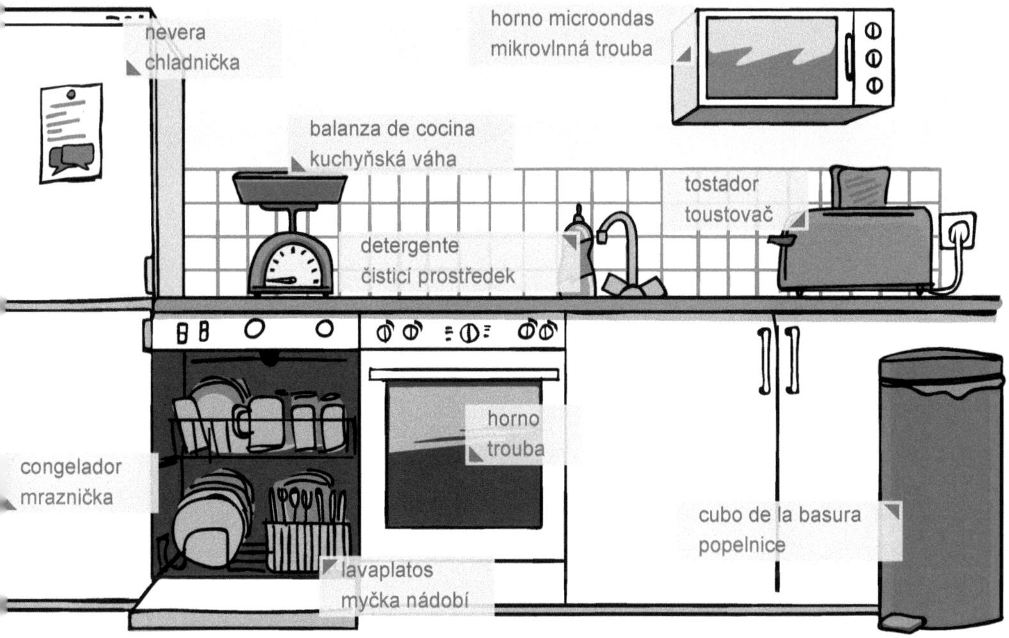

nevera
chladnička
horno microondas
mikrovlnná trouba
balanza de cocina
kuchyňská váha
tostador
toustovač
detergente
čisticí prostředek
horno
trouba
congelador
mraznička
cubo de la basura
popelnice
lavaplatos
myčka nádobí

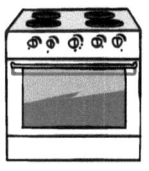

cocina
....
sporák

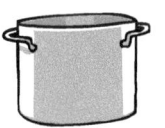

olla
....
hrnec

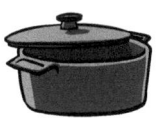

olla de fundición de hierro
....
litinový hrnec

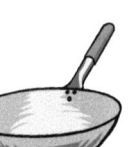

wok / kadai
....
wok / kadai

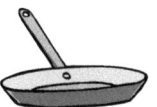

sartén
....
pánev

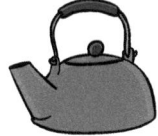

hervidor de agua
....
varná konvice

olla de vapor

parní hrnec

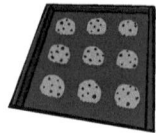

bandeja de horno

plech na pečení

vajilla

nádobí

vaso

hrnek

bol

miska

palillos para comer

jídelní hůlky

cucharón de sopa

naběračka

espátula

obracečka

batidor

metla

colador

síto

cedazo

cedník

rallador

struhadlo

mortero

hmoždíř

parrillada

gril

fogata

ohniště

cocina - kuchyně

tabla de picar

prkénko na krájení

rodillo

váleček na těsto

sacacorchos

vývrtka

lata

dóza

abrelatas

otvírák na konzervy

agarrador

chňapka

fregadero

umyvadlo

cepillo

kartáč na nádobí

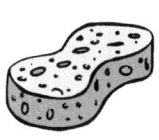

esponja

houba

batidora

mixér

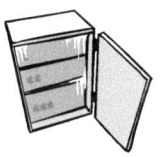

arcón congelador

mrazák

biberón

dětská lahev

grifo

kohoutek

cuarto de baño
koupelna

calefacción
topení
ducha
sprcha
toalla
ručník
cortina para ducha
sprchový závěs
baño de espuma
pěnová koupel
bañera
vana
vaso
sklenička
lavadora
pračka
grifo
kohoutek
baldosa
obkladačky
orinal
nočník
fregadero
umyvadlo

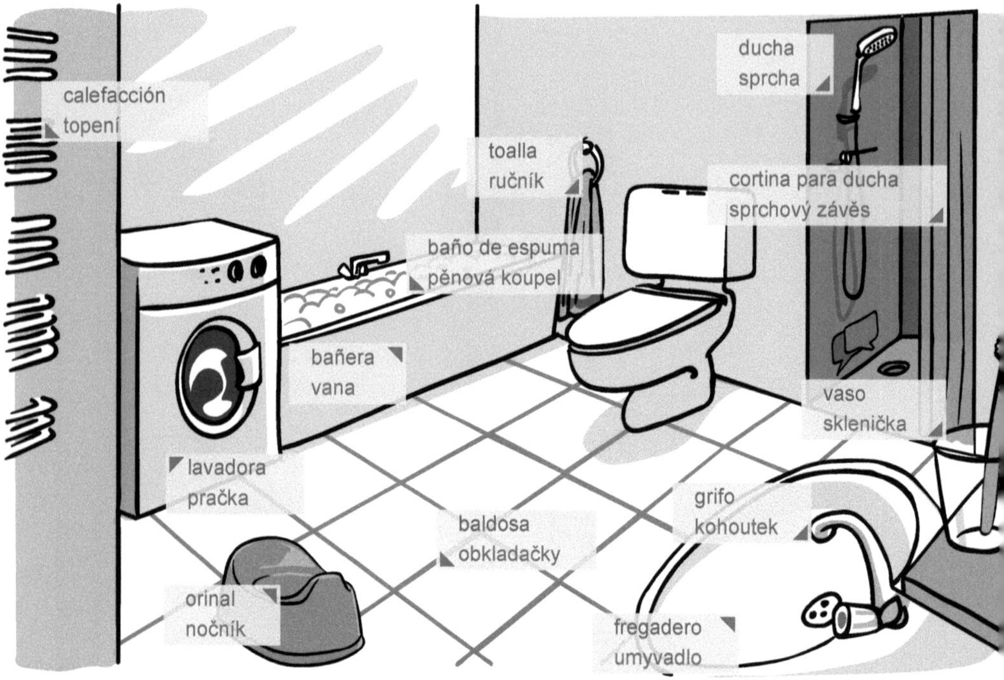

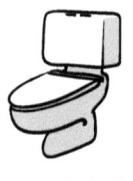

cuarto de baño

záchod

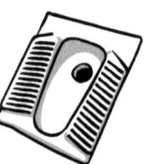

placa turca

turecký záchod

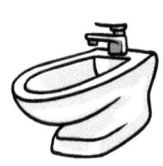

bidé

bidet

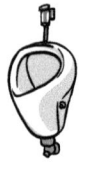

urinario

pisoár

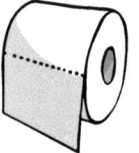

papel higiénico

toaletní papír

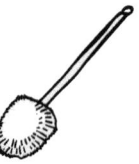

escobilla para el cuarto de baño

záchodová štětka

cepillo de dientes

zubní kartáček

pasta dentífrica

zubní pasta

seda dental

zubní niť

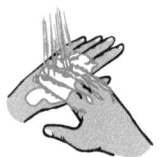

lavar

mýt

ducha teléfono

ruční sprcha

ducha higiénica

intimní sprcha

cuenco

umyvadlo

cepillo para la espalda

kartáč na záda

jabón

mýdlo

gel de ducha

sprchový gel

champú

šampón

manopla para baño

žínka

desagüe

odpad

crema

krém

desodorante

deodorant

espejo

zrcadlo

espejo de maquillaje

kosmetické zrcátko

máquina de afeitar

holicí strojek

espuma de afeitar

pěna na holení

loción para después del afeitado

voda po holení

peine

hřeben

cepillo

kartáč

secador para cabello

fén

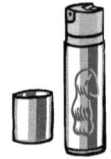

laca de peinado

lak na vlasy

maquillaje

makeup

lápiz labial

rtěnka

laca para uñas

lak na nehty

algodón

vata

tijera para uñas

nůžky na nehty

perfume

parfém

neceser
....
ška s toaletními potřebami

taburete
....
stolička

balanza
....
váha

bata de baño
....
župan

guantes de goma
....
gumové rukavice

tampón
....
tampón

compresa
....
dámská vložka

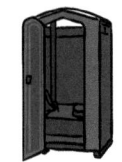

wáter químico
....
chemická toaleta

cuarto de baño - koupelna

cuarto de los niños
dětský pokoj

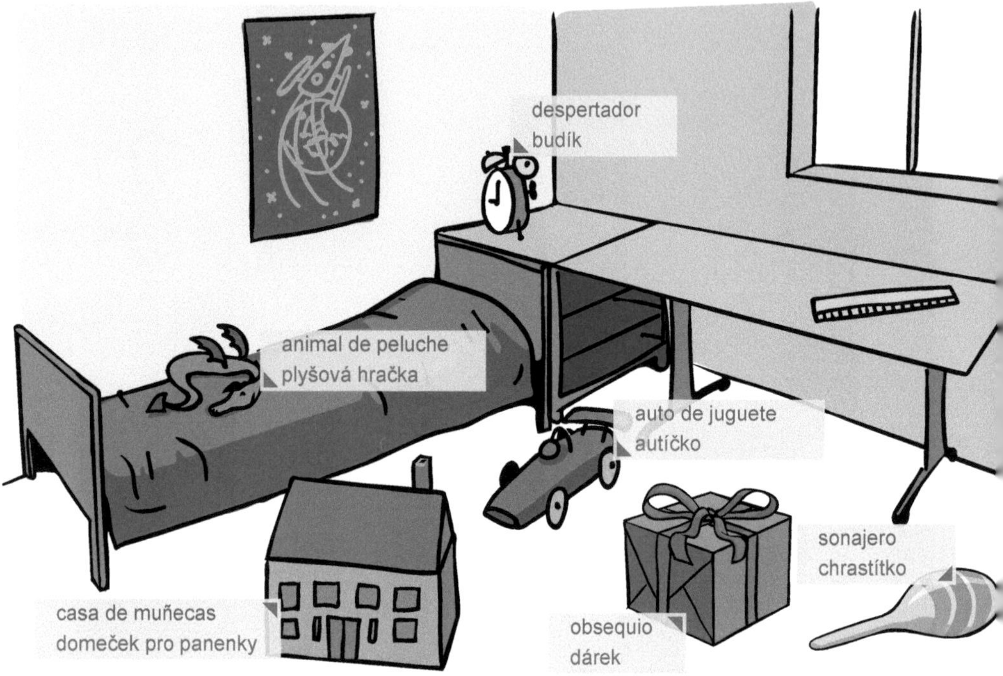
despertador
budík
animal de peluche
plyšová hračka
auto de juguete
autíčko
sonajero
chrastítko
casa de muñecas
domeček pro panenky
obsequio
dárek

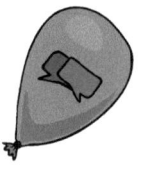

globo
balón

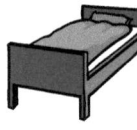

cama
postel

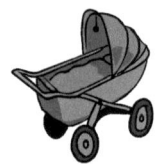

cochecito para niños
kočárek

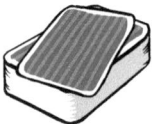

juego de barajas
balíček karet

rompecabezas
puzzle

SUPER
MEGA

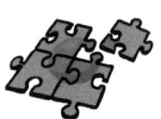

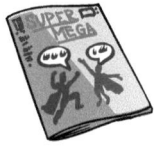

cómic
komiks

piezas de Lego

lego kostky

bloques para jugar

stavebnice

figura de acción

akční figurka

pijama de una pieza

dupačky

frisbee

frisbee

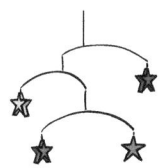

móvil

závěsné hračky nad
postýlku

juego de mesa

desková hra

dado

kostky

tren eléctrico a escala

modelová železnice

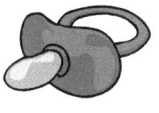

chupete

dudlík

fiesta

oslava

libro de dibujos

obrázková kniha

pelota

míč

títere

panenka

jugar

hrát si

arenero

pískoviště

columpio

houpačka

juguetes

hračky

consola de videojuego

hrací konzole

triciclo

tříkolka

osito de peluche

medvídek

guardarropa

šatník

vestimenta
oblečení

calcetines

ponožky

medias

punčochy

panti

punčochové kalhoty

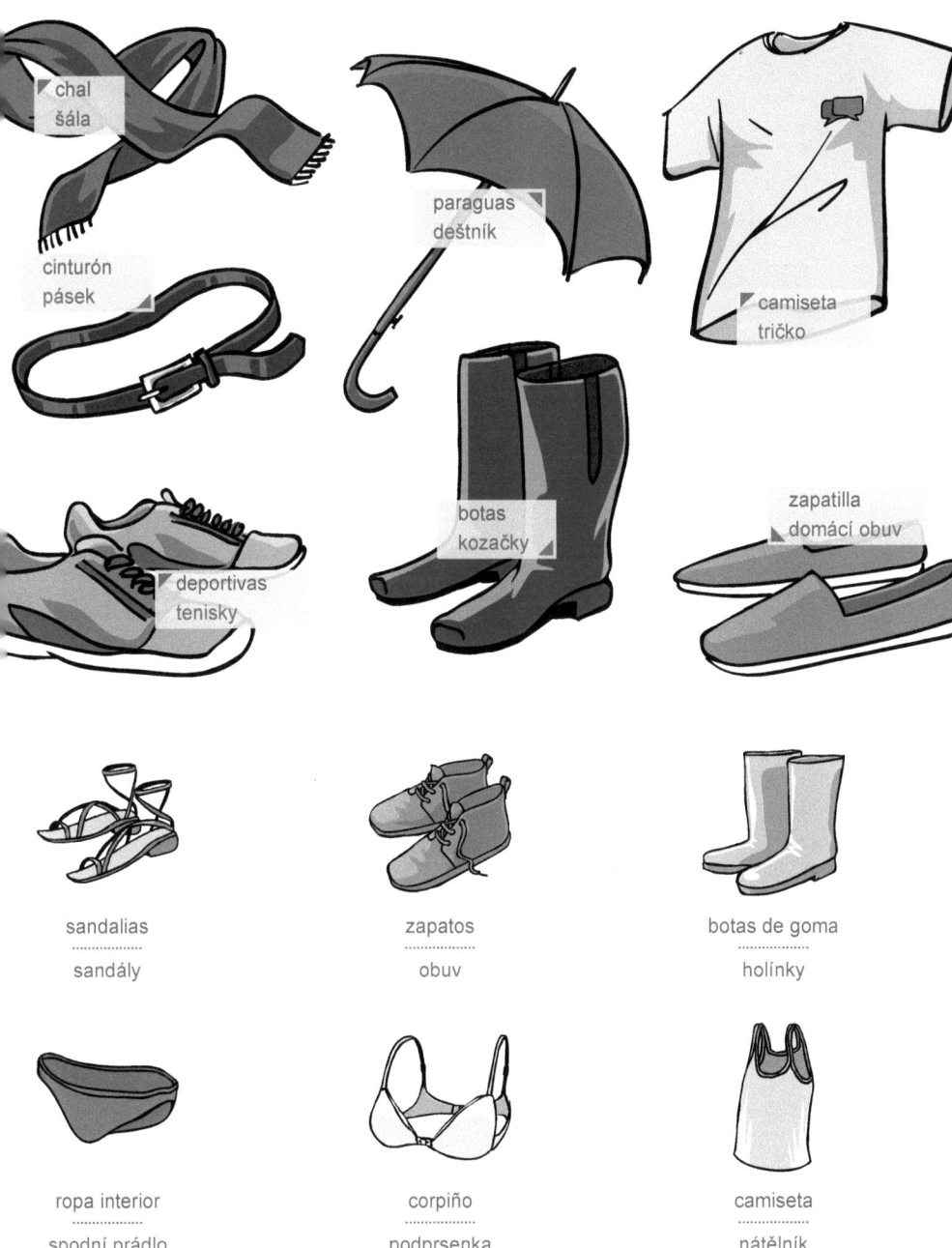

chal
šála

paraguas
deštník

cinturón
pásek

camiseta
tričko

botas
kozačky

zapatilla
domácí obuv

deportivas
tenisky

sandalias
....
sandály

zapatos
....
obuv

botas de goma
....
holínky

ropa interior
....
spodní prádlo

corpiño
....
podprsenka

camiseta
....
nátělník

vestimenta - oblečení   45

body

body

pantalón

kalhoty

jeans

džíny

falda

sukně

blusa

blůza

camisa

košile

pullover

svetr

sweater

mikina

blazer

blejzr

chaqueta

bunda

abrigo

kabát

impermeable

pláštěnka

traje chaqueta

kostým

vestido

šaty

vestido de bodas

svatební šaty

traje

oblek

camisón

noční košile

pijama

pyžamo

sari

sárí

pañuelo de cabeza

šátek na hlavu

turbante

turban

burka

burka

caftán

kaftan

abaya

abája

traje de baño

plavky

bañador

pánské plavky

shorts

kraťasy

chándal

tepláková souprava

delantal

zástěra

guante

rukavice

botón

knoflík

gafa

brýle

brazalete

náramek

cadena

náhrdelník

anillo

prsten

aro

náušnice

gorra

čepice

percha

ramínko

sombrero

klobouk

corbata

kravata

cierre a cremallera

zip

casco

helma

tiradores

kšandy

uniforme escolar

školní uniforma

uniforme

uniforma

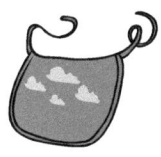

babero

bryndák

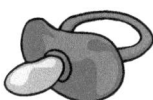

chupete

dudlík

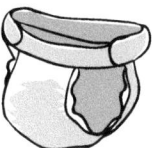

pañal

plena

oficina
kancelář

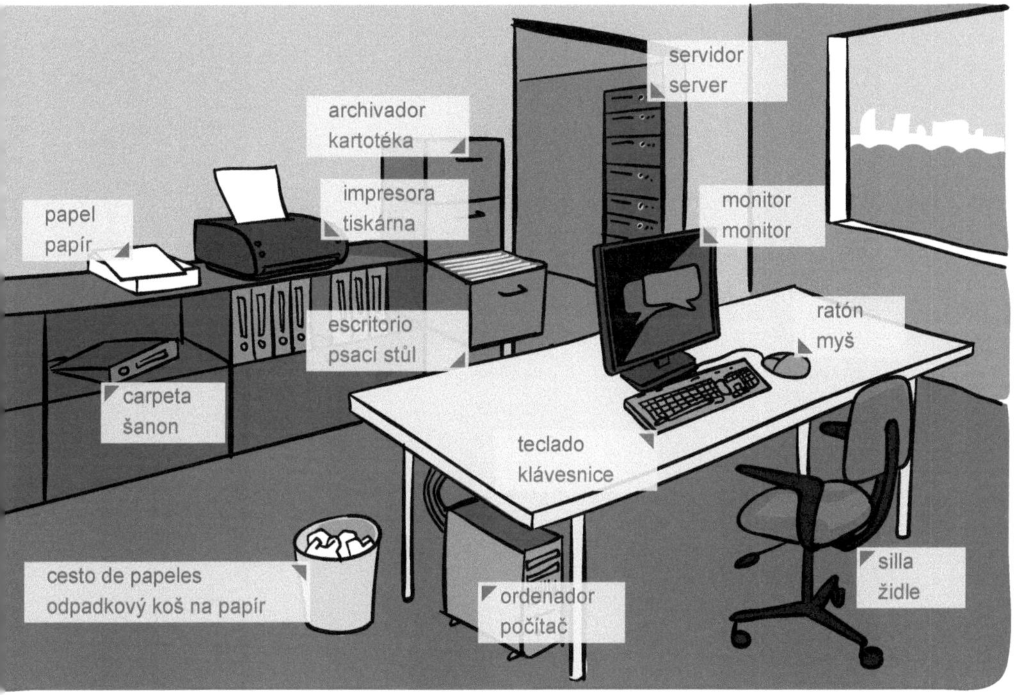
servidor
server
archivador
kartotéka
impresora
tiskárna
papel
papír
monitor
monitor
ratón
myš
escritorio
psací stůl
carpeta
šanon
teclado
klávesnice
cesto de papeles
odpadkový koš na papír
silla
židle
ordenador
počítač

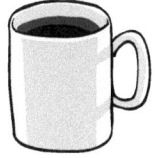

taza de café

hrnek na kávu

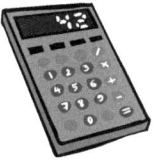

calculadora

kalkulačka

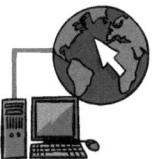

internet

internet

laptop

notebook

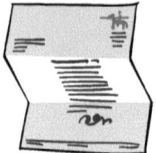

carta

dopis

mensaje

zpráva

teléfono móvil

mobil

red

síť

fotocopiadora

kopírka

software

software

teléfono

telefon

tomacorriente

zásuvka

máquina de fax

fax

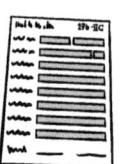

formulario

formulář

documento

dokument

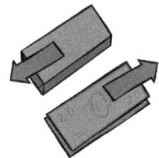

comprar
nakupovat

pagar
zaplatit

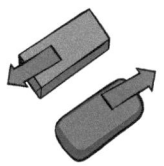

comerciar
jednat

dinero
peníze

USD

dólar
dolar

EUR

euro
euro

JPY

yen
jen

RUB

rublo
rubl

CHF

franco
frank

CNY

renminbi
juan

INR

rupia
rupie

cajero automático
bankomat

casa de cambio

směnárna

oro

zlato

plata

stříbro

petróleo

olej

energía

energie

precio

cena

contrato

smlouva

impuesto

daň

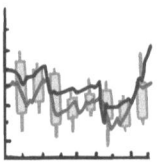

acción

akcie

trabajar

pracovat

empleado

zaměstnanec

empleador

zaměstnavatel

fábrica

továrna

negocio

obchod

policía
policista

bombero
hasič

cocinero
kuchař

médico
lékař

piloto
pilot

jardinero
zahradník

carpintero
truhlář

costurera
švadlena

juez
soudce

químico
chemik

actor
herec

conductor de autobús

řidič autobusu

taxista

řidič taxi

pescador

rybář

mujer de la limpieza

uklízečka

techista

pokrývač

camarero

číšník

cazador

myslivec

pintor

malíř

panadero

pekař

electricista

elektrikář

albañil

stavební dělník

ingeniero

inženýr

carnicero

řezník

fontanero

klempíř

cartero

listonoš

soldado
voj—k

arquitecto
architekt

cajero
pokladn’

florista
florista

peluquero
kade艡n’k

cobrador
pr暖vod膷’

mec‡nico
mechanik

capit‡n
kapit‡n

odont—logo
zuba艡

cient’fico
v臎dec

rabino
rab’n

imam
im‡m

monje
mnich

p‡rroco
duchovn’

herramientas
nářadí

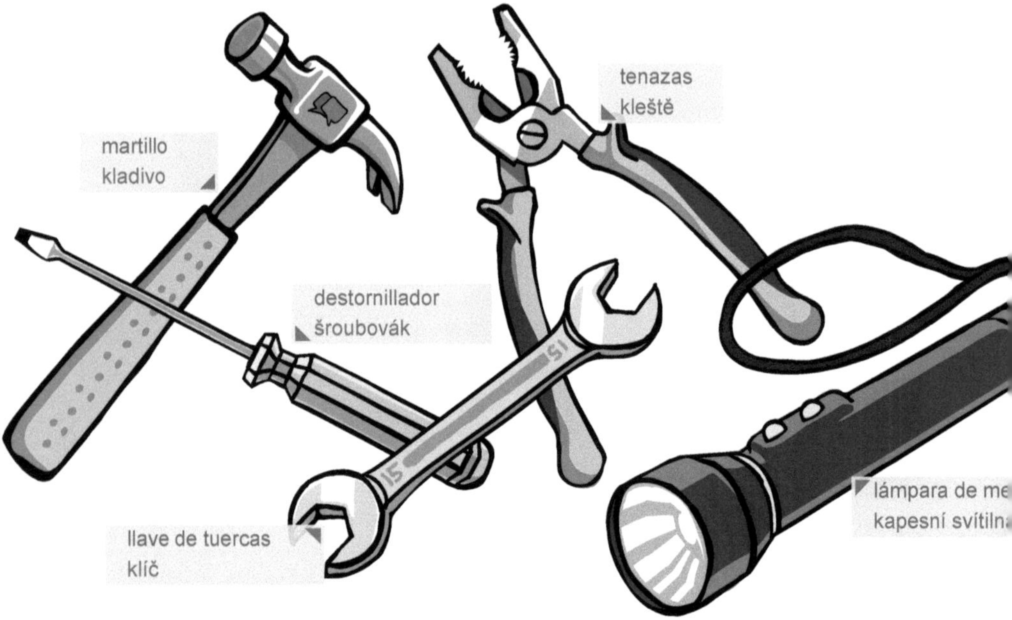
martillo
kladivo
tenazas
kleště
destornillador
šroubovák
llave de tuercas
klíč
lámpara de me
kapesní svítiln

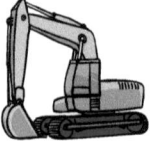

excavadora

bagr

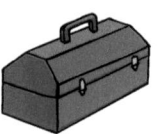

caja de herramientas

skříň na nářadí

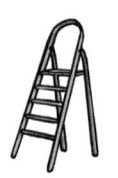

escalerilla

žebřík

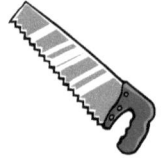

serrucho

pila

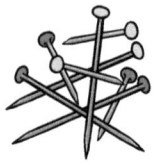

clavos

hřebíky

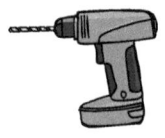

taladro

vrtačka

reparar

opravit

pala

lopata

¡Maldición!

Kurva!

recogedor

lopatka

lata de pintura

vědroé na barvu

tornillos

šrouby

instrumentos musicales
hudební nástroje

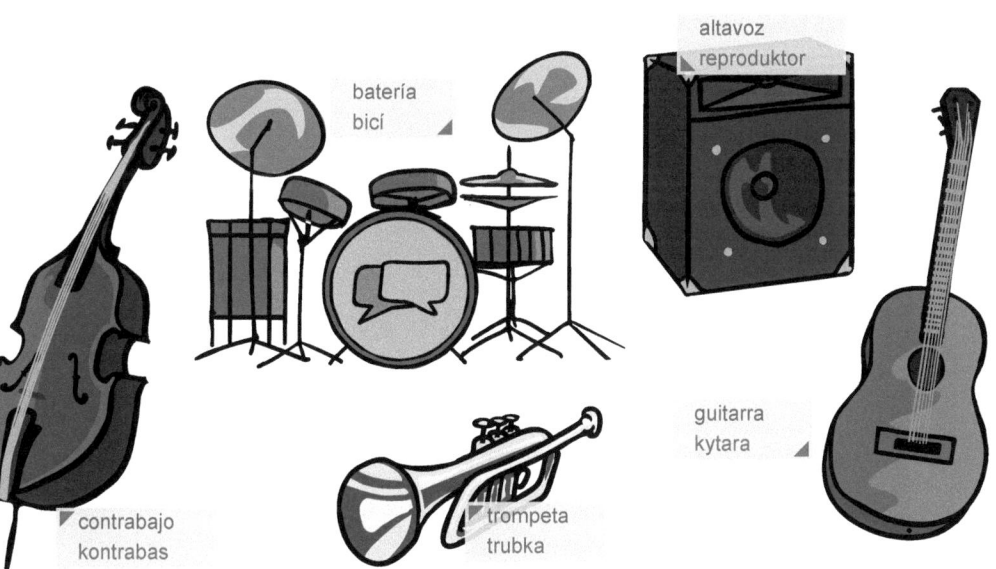

altavoz
reproduktor

batería
bicí

guitarra
kytara

contrabajo
kontrabas

trompeta
trubka

piano
klavír

violín
housle

bajo
basa

timbales
tympán

tambor
bubny

teclado
keyboard

saxofón
saxofon

flauta
flétna

micrófono
mikrofon

zoológico

zoo

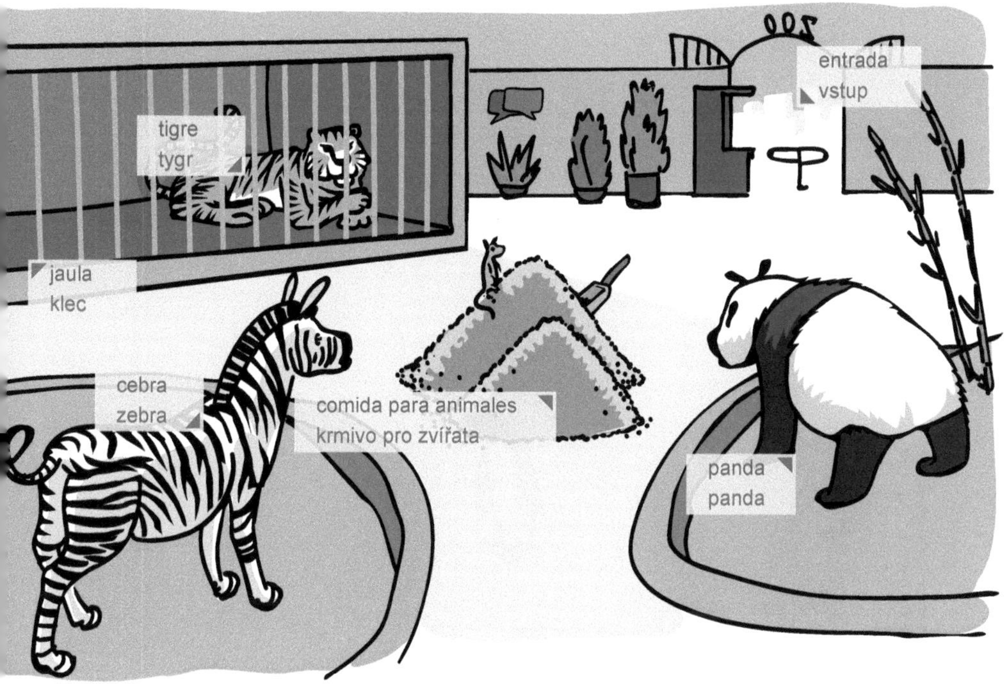
ZOO
entrada
vstup
tigre
tygr
jaula
klec
cebra
zebra
comida para animales
krmivo pro zvířata
panda
panda

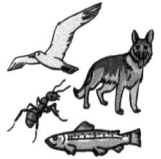

animales
zvířata

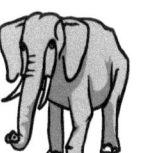

elefante
slon

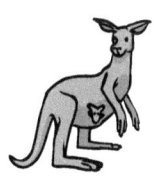

canguro
klokan

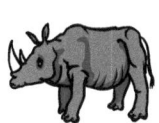

rinoceronte
nosorožec

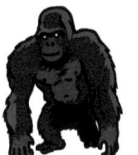

gorila
gorila

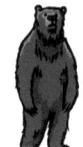

oso
medvěd

camello

velbloud

avestruz

pštros

león

lev

mono

opice

flamengo

plameňák

papagayo

papoušek

oso polar

lední medvěd

pingüino

tučňák

tiburón

žralok

pavo real

páv

serpiente

had

cocodrilo

krokodýl

cuidador del zoológico

ošetřovatel zvířat

foca

tuleň

jaguar

jaguár

pony
poník

leopardo
leopard

hipopótamo
hroch

jirafa
žirafa

águila
orel

jabalí
divoké prase

pescado
ryby

tortuga
želva

morsa
mrož

zorro
liška

gacela
gazela

fútbol americano
americký fotbal

ciclismo
cyklistika

tenis
tenis

baloncesto
košíková

natación
plavání

boxeo
box

hockey sobre hielo
lední hokej

fútbol
kopaná

badminton
badminton

atletismo
lehká atletika

balonmano
házená

esquí
běh na lyžích

polo
vodní pólo

reír
smát se

saltar
skočit

abrazar
objímat

caminar
jít

cantar
zpívat

soñar
snít

rezar
modlit se

besar
políbit

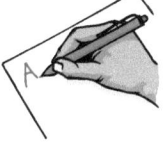

escribir

psát

dibujar

kreslit

mostrar

ukazovat

presionar

tlačit

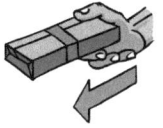

dar

dát

tomar

vzít si

tener
mít

hacer
dělat

ser
být

estar de pie
stát

correr
běhat

tirar
táhnout

arrojar
hodit

caer
padat

estar acostado
ležet

esperar
čekat

llevar
nosit

estar sentado
sedět

vestirse
oblékat

dormir
spát

despertar
vzbudit se

mirar

prohlédnout si

llorar

plakat

acariciar

pohladit

peinarse

česat

conversar

hovořit

entender

rozumět

preguntar

ptát se

oír

slyšet

beber

pít

comer

jíst

asear

uklidit

amar

milovat

cocinar

vařit

conducir

jet

volar

letět

navegar
plachtit

calcular
počítat

leer
číst

aprender
učit se

trabajar
pracovat

casarse
vzít si

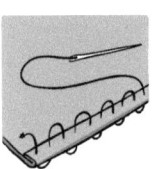

coser
šít

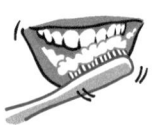

limpiarse los dientes
čistit si zuby

matar
zabít

fumar
kouřit

enviar
poslat

abuela
babička

abuelo
dědeček

padre
otec

madre
matka

bebé
dítě

hija
dcera

hijo
syn

invitado
host

tía
teta

tío
strýc

hermano
bratr

hermana
sestra

cuerpo

tělo

frente
čelo
ojo
oko
hombro
rameno
dedo
prst
cara
obličej
barbilla
brada
mano
ruka
pierna
dolní končetina
pecho
hruď
brazo
paže

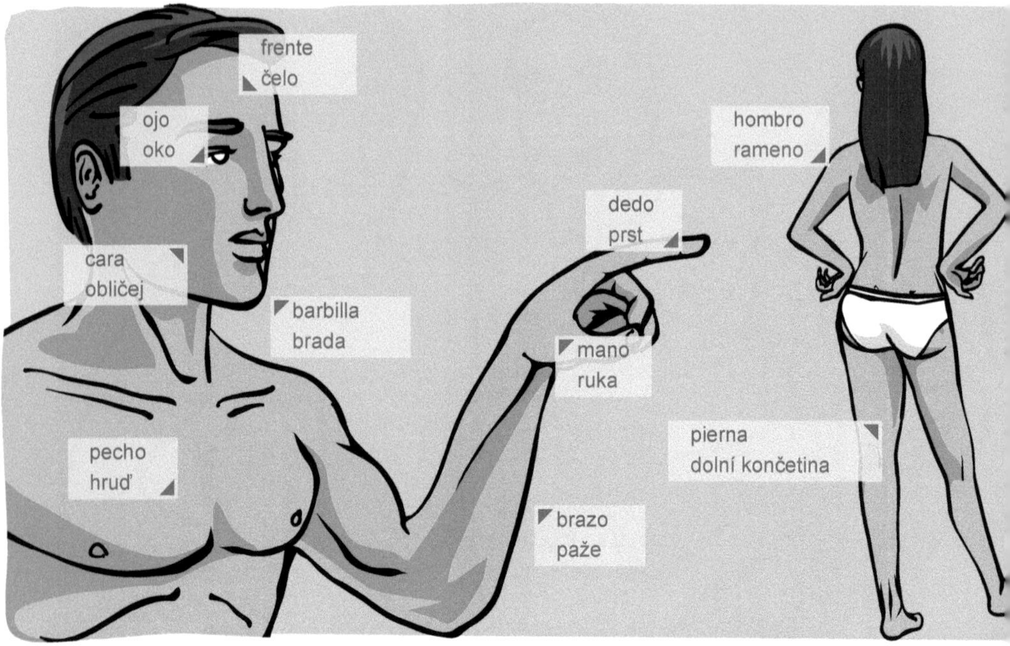

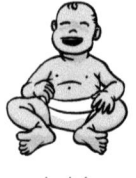

bebé

dítě

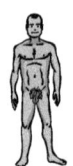

hombre

muž

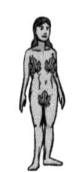

mujer

žena

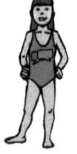

muchacha

dívka

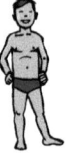

joven

chlapec

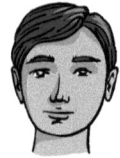

cabeza

hlava

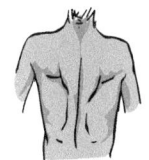	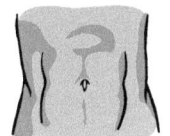	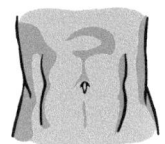
espalda	vientre	ombligo
záda	břicho	pupík
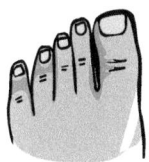	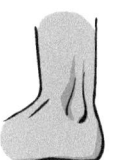	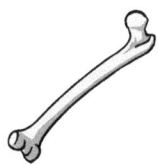
dedo del pie	talón	hueso
prst na noze	pata	kost
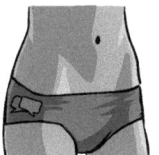	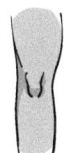	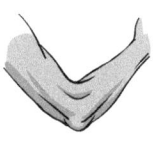
cadera	rodilla	codo
bok	koleno	loket
	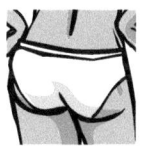	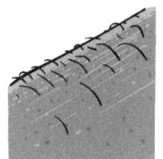
nariz	trasero	piel
nos	zadek	kůže
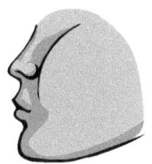	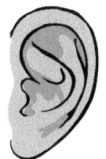	
mejilla	oreja	labio
tvář	ucho	ret

boca

ústa

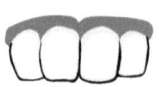

diente

zub

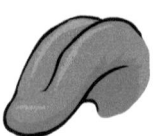

lengua

jazyk

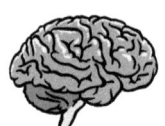

cerebro

mozek

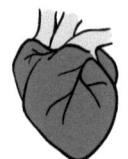

corazón

srdce

músculo

sval

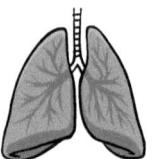

pulmón

plíce

hígado

játra

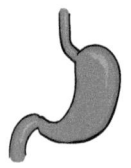

estómago

žaludek

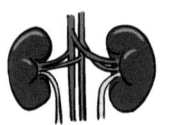

riñones

ledviny

relación sexual

pohlavní styk

condón

kondom

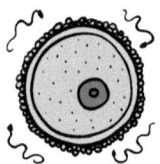

Óvulo

vajíčko

esperma

sperma

embarazo

těhotenství

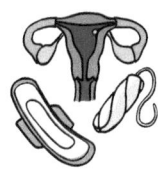

menstruación

menstruace

vagina

vagina

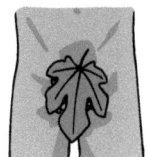

pene

penis

ceja

obočí

cabello

vlasy

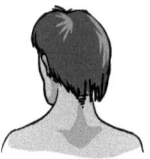

cuello

krk

hospital
nemocnice

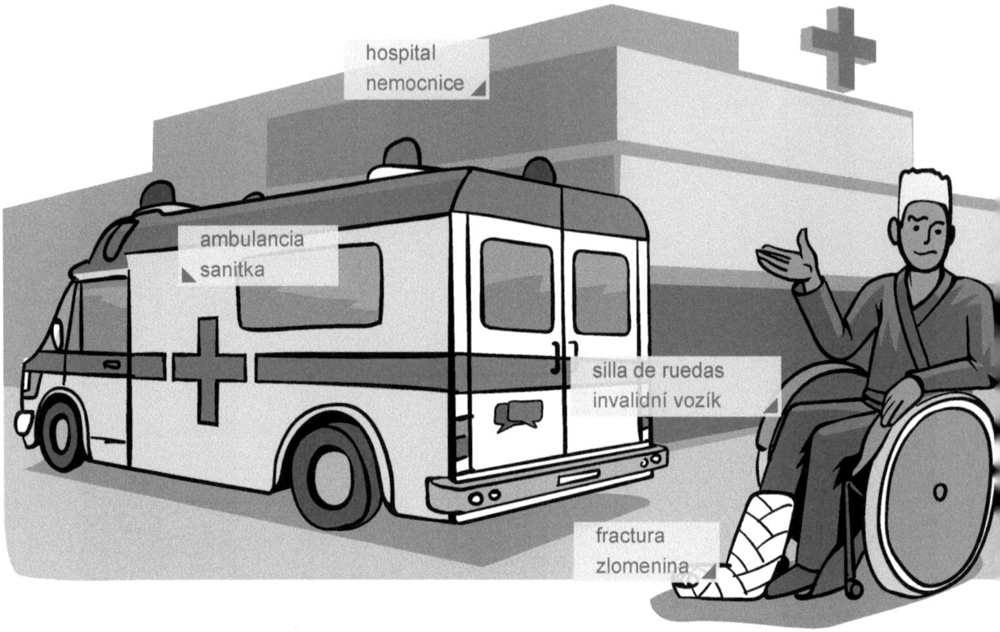

hospital
nemocnice
ambulancia
sanitka
silla de ruedas
invalidní vozík
fractura
zlomenina

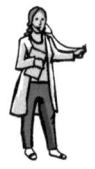

médico

lékař

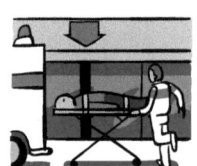

admisión de urgencia

pohotovost

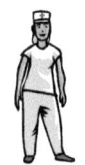

enfermera

zdravotní sestra

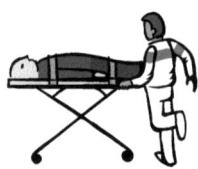

emergencia

urgentní případ

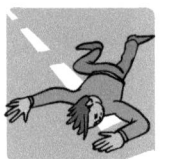

inconsciente

v bezvědomí

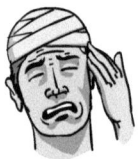

dolor

bolest

lesión

úraz

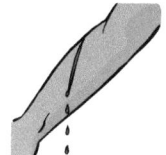

hemorragia

krvácení

infarto de miocardio

infarkt myokardu

apoplejía cerebral

cévní mozková příhoda

alergia

alergie

tos

kašel

fiebre

horečka

gripe

chřipka

diarrea

průjem

dolor de cabeza

bolest hlavy

cáncer

rakovina

diabetes

cukrovka

cirujano

chirurg

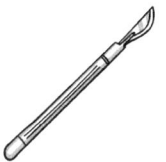

escalpelo

skalpel

operación

operace

TC
CT

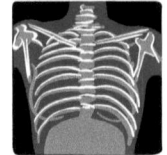

rayos X
rentgen

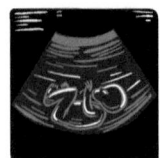

ultrasonido
ultrazvuk

máscara
maska

enfermedad
nemoc

sala de espera
čekárna

muleta
berle

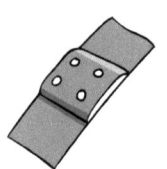

emplasto
náplast

vendaje
obvaz

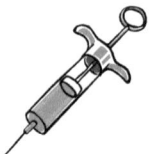

inyección
injekce

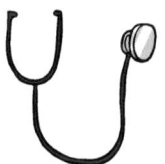

estetoscopio
stetoskop

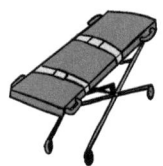

camilla
nosítka

termómetro
teploměr

nacimiento
porod

sobrepeso
nadváha

audífono

naslouchátko

desinfectante

dezinfekční prostředek

infección

infekce

virus

virus

VIH / SIDA

HIV / AIDS

medicina

lékařství

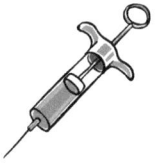

vacunación

očkování

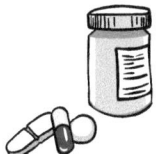

comprimido

tablety

píldora anticonceptiva

pilulka

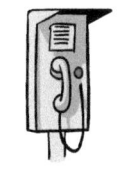

llamada de emergencia

tísňové volání

medidor de presión arterial

tonometr

enfermo / saludable

nemocný / zdravý

¡Ayuda!

Pomoc!

alarma

poplach

asalto

přepadení

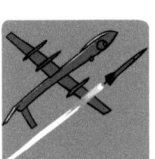

ataque

napadení

peligro

nebezpečí

salida de emergencia

nouzový východ

¡Fuego!

Hoří!

extintor

hasicí přístroj

accidente

nehoda

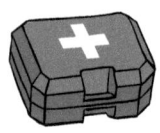

kit de primeros auxilios

zdravotnická brašna

SOS

SOS

Policía

policie

Europa

Evropa

América del Norte

Severní Amerika

América del Sur

Jižní Amerika

África

Afrika

Asia

Asie

Australia

Austrálie

Atlántico

Atlantik

Pacífico

Pacifik

Océano Índico

Indický oceán

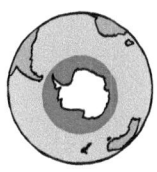

Océano Antártico

Jižní ledový oceán

Océano Ártico

Severní ledový oceán

Polo Norte

severní pól

Polo Sur

jižní pól

Antártida

Antarktida

Tierra

země

país

pevnina

mar

moře

isla

ostrov

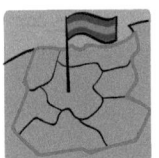

nación

národ

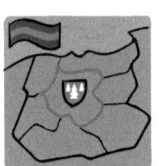

Estado

stát

cuadrante
ciferník

horario
hodinová ručička

minutero
minutová ručička

segundero
vteřinová ručička

¿Qué hora es?
Kolik je hodin?

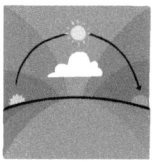

día
den

tiempo
čas

ahora
teď

reloj digital
digitální hodinky

minuto
minuta

hora
hodina

semana

týden

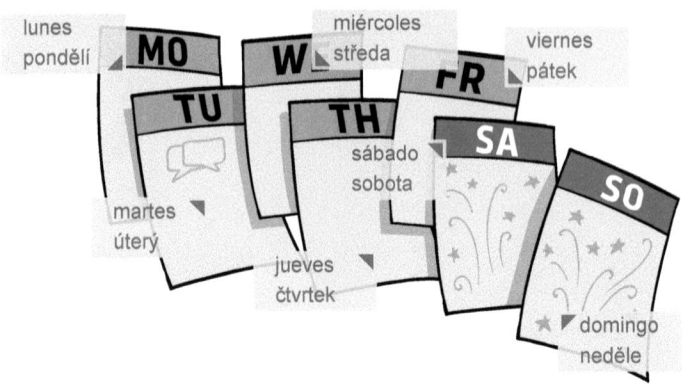

lunes / pondělí — MO
martes / úterý — TU
miércoles / středa — W
jueves / čtvrtek — TH
viernes / pátek — FR
sábado / sobota — SA
domingo / neděle — SO

ayer

včera

hoy

dnes

mañana

zítra

mañana

ráno

mediodía

poledne

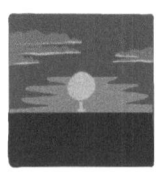

tarde

večer

MO	TU	WE	TH	FR	SA	SU
1	2	3	4	5	6	7
8	9	10	11	12	13	14
15	16	17	18	19	20	21
22	23	24	25	26	27	28
29	30	31	1	2	3	4

jornada de trabajo

pracovní dny

MO	TU	WE	TH	FR	SA	SU
1	2	3	4	5	6	7
8	9	10	11	12	13	14
15	16	17	18	19	20	21
22	23	24	25	26	27	28
29	30	31	1	2	3	4

fin de semana

víkend

año
rok

lluvia
déšť
arco iris
duha
nieve
sníh
viento
vítr
primavera
jaro
otoño
podzim
verano
léto
invierno
zima

4.APRIL 11°
5.APRIL 4°
6.APRIL 13°
7.APRIL 8°
8.APRIL 10°

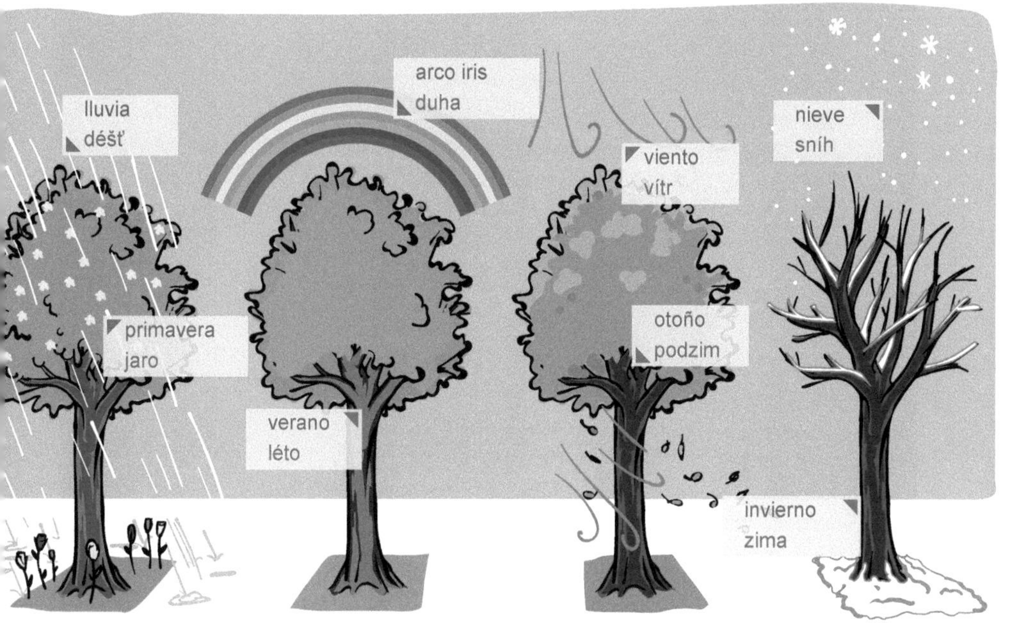

onóstico meteorológico

předpověď počasí

F C
120 90 60 30 0 -30
40 30 20 10 0 -10 -20

termómetro

teploměr

luz solar

sluneční svit

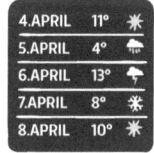

nube

mrak

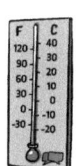

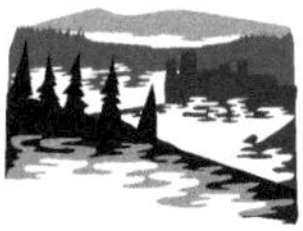

niebla

mlha

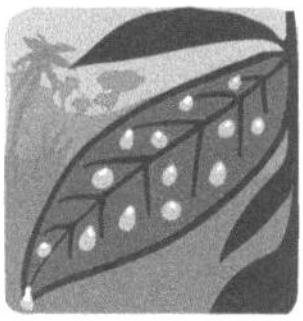

humedad ambiente

vlhkost

relámpago

blesk

trueno

hrom

tormenta

bouřka

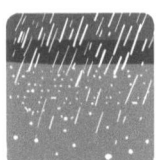

granizo

kroupy

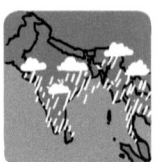

monzón

monzun

inundación

povodeň

hielo

led

enero

leden

febrero

únor

marzo

březen

abril

duben

mayo

květen

junio

červen

julio

červenec

agosto

srpen

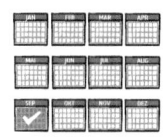

septiembre
....
září

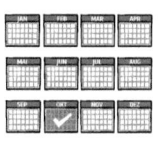

octubre
....
říjen

noviembre
....
listopad

diciembre
....
prosinec

círculo
....
kruh

cuadrado
....
čtverec

rectángulo
....
obdélník

triángulo
....
trojúhelník

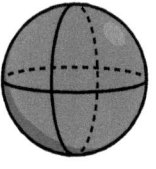

esfera
....
koule

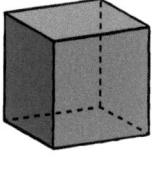

cubo
....
krychle

blanco
bílá

amarillo
žlutá

anaranjado
oranžová

rosa
růžová

rojo
červená

lila
fialová

azul
modrá

verde
zelená

marrón
hnědá

gris
šedá

negro
černá

mucho / poco

hodně / málo

enojado / calmado

rozzuřený / mírumilovný

bonito / feo

krásný / ošklivý

comienzo / fin

začátek / konec

grande / pequeño

velký / malý

claro / oscuro

světlý / tmavý

hermano / hermana

bratr / sestra

limpio / sucio

čistý / špinavý

completo / incompleto

úplný / neúplný

día / noche

den / noc

muerto / vivo

mrtvý / živý

ancho / angosto

široký / úzký

disfrutable / no disfrutable

jedlý / nejedlý

malo / amigable

zlý / hodný

excitado / aburrido

vzrušený / znuděný

gordo / delgado

tlustý / hubený

primero / último

nejdříve / naposledy

amigo / enemigo

přítel / nepřítel

lleno / vacío

plný / prázdný

duro / suave

tvrdý / měkký

pesado / liviano

těžký / lehký

hambre / sed

hlad / žízeň

enfermo / saludable

nemocný / zdravý

ilegal / legal

ilegální / legální

inteligente / tonto

inteligentní / hloupý

izquierda / derecha

vlevo / vpravo

cercano / lejano

blízko / daleko

nuevo / usado

nový / použitý

nada / algo

nic / něco

viejo / joven

starý / mladý

encendido / apagado

zapnutý / vypnutý

abierto / cerrado

otevřeno / zavřeno

bajo / fuerte

tichý / hlasitý

rico / pobre

bohatý / chudý

correcto / incorrecto

správný / špatný

áspero / liso

drsný / hladký

triste / alegre

smutný / šťastný

breve / extenso

krátký / dlouhý

lento / veloz

pomalý / rychlý

mojado / seco

vlhký / suchý

caliente / frío

teplý / chladný

guerra / paz

válka / mír

0

cero

nula

1

uno

jedna

2

dos

dva

3

tres

tři

4

cuatro

čtyři

5

cinco

pět

6

seis

šest

7

siete

sedm

8

ocho

osm

9

nueve

devět

10

diez

deset

11

once

jedenáct

12

doce

dvanáct

13

trece

třináct

14

catorce

čtrnáct

15

quince

patnáct

16

dieciséis

šestnáct

17

diecisiete

sedmnáct

18

dieciocho

osmnáct

19

diecinueve

devatenáct

20

veinte

dvacet

100

cien

sto

1.000

mil

tisíc

1.000.000

millón

milion

inglés
....
angličtina

inglés estadounidense
....
americká angličtina

chino mandarín
....
standardní čínština

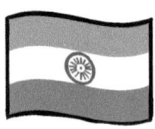

hindi
....
hindština

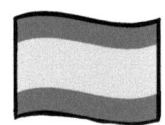

español
....
španělština

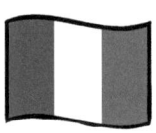

francés
....
francouzština

árabe
....
arabština

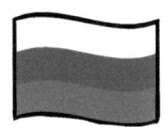

ruso
....
ruština

portugués
....
portugalština

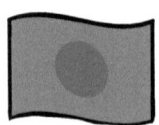

bengalí
....
bengálština

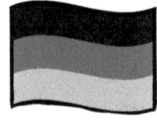

alemán
....
němčina

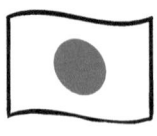

japonés
....
japonština

yo

já

tú

ty

él / ella

on / ona / ono

nosotros

my

vosotros

vy

ellos

oni

¿quién?

Kdo?

¿qué?

Co?

¿cómo?

Jak?

¿dónde?

Kde?

¿cuándo?

Kdy?

nombre

jméno

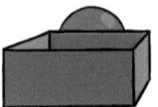

detrás
za

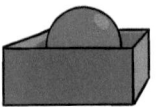

en
do

delante de
z

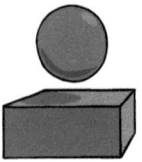

encima de
nad

sobre
na

debajo de
mezi

junto a
vedle

entre
mezi

lugar
místo